ENCUENTROS

AUSGABE B 2/3

Grammatisches Beiheft

INHALTSVERZEICHNIS

ENCUENTROS 2

1 JÓVENES 4

A LA GENERACIÓN CERO
1	Das Imperfekt	4
2	Das Adverb (2):	
	Abgeleitete Adverbien	4

B EL AMOR ES ASÍ …
3	Gebrauch des *pretérito imperfecto*	
	und des *pretérito indefinido*	5
3.1	*Pretérito imperfecto*	5
3.2	*Pretérito indefinido* und	
	imperfecto im Text	5
4	Das Plusquamperfekt	7
5	Das Objektpronomen (3)	7
5.1	Zwei Objektpronomen im Satz	7
5.2	Stellung der Objektpronomen	8

C MENSAJE EN EL BOTELLÓN
6	Die indirekte Rede (1)	8
6.1	Der indirekte Aussagesatz	8
6.2	Die indirekte Frage	9
7	Das Relativpronomen (2): *lo que*	9

2 ¿VALENCIA? ¡VAYA IDEA! 10

A PLANOS DE VALENCIA
8	Der *subjuntivo* (1)	10
8.1	Regelmäßige Bildung	10
8.2	Die unregelmäßigen Verben	11
8.3	Gebrauch	12
9	Der Bedingungssatz (1)	13
9.1	Der reale Bedingungssatz	13

B PROYECTOS DE VALENCIA
10	Der *subjuntivo* (2)	14
10.1	Gebrauch	14
10.2	Indikativ oder *subjuntivo*	
	nach dem Verb *parecer*	15

C CHICAS CON MARCHA
11	Der Imperativ (2)	15
11.1	Formen	15
11.2	Die Stellung der Reflexiv- und	
	Objektpronomen	16
12	Der *subjuntivo* (3)	16
12.1	Die indirekte Aufforderung	16

3 EL FUTURO DE UN CONTINENTE 17

A ¡NO VOTAREMOS EN BLANCO
13	Prozentzahlen	17
14	Das Futur	17
14.1	Regelmäßige Bildung	17
14.2	Die unregelmäßigen Verben	17
14.3	Gebrauch	17

B DE VISITA EN BUENOS AIRES
15	Das *gerundio* (2)	18
15.1	Hilfsverb und *gerundio*	18
15.2	Verkürzung eines adverbialen	
	Nebensatzes	18
16	Das Possessivpronomen	19
16.1	Formen	19
16.2	Gebrauch	19
17	Die indirekte Rede (2)	19
17.1	Die indirekte Rede im Präsens	20
17.2	Die indirekte Rede	
	in der Vergangenheit	20
18	Die indirekte Aufforderung	20

C EL ORO ROJO
19	Die Stellung des Adjektivs (3)	21
20	Der neutrale Artikel *lo*	22
21	Der *subjuntivo* (4)	22
21.1	*mientras, aunque, cuando*	22
22	Das Futur II	23
22.1	Bildung	23
22.2	Gebrauch	23

2 dos

INHALTSVERZEICHNIS

ENCUENTROS 3

1 DOS MUNDOS — 24

A EL IMPERIO INCA

23	Das unpersönliche „man"	24
24	Der Konditional	24
24.1	Regelmäßige Bildung	24
24.2	Die unregelmäßigen Verben	24
24.3	Gebrauch	25

B CACIQUE COLÓN

25	Präpositionen mit Infinitiv	25

C MI PRIMER AÑO EN ESPAÑA

26	Gebrauch der Vergangenheitszeiten	26

2 ESPAÑA — 27

A SUEÑOS Y PESADILLAS

27	Das Passiv	27
27.1	Bildung	27
27.2	Gebrauch	27
28	Der *subjuntivo* (5)	28
28.1	Das *imperfecto de subjuntivo*	28
28.2	Gebrauch	29
28.3	Der *subjuntivo* im Relativsatz	29

B GALICIA: DONDE LA LLUVIA ES UN ARTE

29	Das Relativpronomen (3)	30
29.1	*quien*	30
29.2	*cuyo*	30
29.3	*cual*	31

C DE CARA A EUROPA

30	Der *subjuntivo* (6)	31
30.1	In einigen feststehenden Ausdrücken	31
30.2	Nach weiteren Konjunktionen	31

3 ASÍ SE VIVE MÉXICO — 33

A CIUDAD DE MÉXICO

31	Der Bedingungssatz (2)	33
31.1	Der irreale Bedingungssatz der Gegenwart	33
32	Der Gebrauch von *ser* und *estar* (3)	33
33	Das Partizip in Temporalsätzen	34

B NO SIEMPRE FUE ASÍ

34	Das *pluscuamperfecto de subjuntivo*	35
35	Der Konditional II	35
36	Der Bedingungssatz (3)	35
36.1	Der irreale Bedingungssatz der Vergangenheit	35
36.2	Die Bedingungssätze: Übersicht	36

Aussprache, Orthographie und Betonung	37
Grammatische Fachbegriffe	39
Index	40
Lösungen	41

SYMBOLE UND VERWEISE:

▷ Querverweise innerhalb des Grammatischen Beiheftes

! Hinweis auf Besonderheit

⇆ Verweis auf andere Sprachen

Die Lösungen für die Aufgaben stehen am Ende des Grammatischen Beiheftes, Seite 41

tres **3**

ENCUENTROS 2

1A

JÓVENES

LA GENERACIÓN CERO

▪▪▪ 1 Das Imperfekt · El pretérito imperfecto

In diesem Kapitel lernst du mit dem Imperfekt die dritte Vergangenheitszeit kennen.

Infinitiv	charlar	tener	vivir
Singular	charl**aba**	ten**ía**	viv**ía**
	charl**abas**	ten**ías**	viv**ías**
	charl**aba**	ten**ía**	viv**ía**
Plural	charl**ábamos**	ten**íamos**	viv**íamos**
	charl**abais**	ten**íais**	viv**íais**
	charl**aban**	ten**ían**	viv**ían**

Das Imperfekt der Verben auf **-ar** wird gebildet aus dem Stamm des Infinitivs (**charl-**) und den Endungen **-aba, -abas, -aba, -ábamos, -abais, -aban.**
Das Imperfekt der Verben auf **-er** und **-ir** wird gebildet aus dem Stamm des Infinitivs (**ten- / viv-**) und den Endungen **-ía, -ías, -ía, -íamos, -íais, -ían.**

! Beachte, dass bei den Verben auf **-ar** die 1. Person Plural einen Akzent hat, bei den Verben auf **-er** und **-ir** alle Formen einen Akzent auf dem **-i-** haben.

Infinitiv	**ir**	**ser**	**ver**
Singular	**iba**	**era**	**veía**
	ibas	**eras**	**veías**
	iba	**era**	**veía**
Plural	**íbamos**	**éramos**	**veíamos**
	ibais	**erais**	**veíais**
	iban	**eran**	**veían**

Im Imperfekt gibt es nur drei unregelmäßige Verben: **ir, ser** und **ver.**

! Achte bei **ir** und **ser** wieder auf die Akzente in der 1. Person Plural.

! **Ver** hat in allen Formen einen Akzent auf dem -í-.

Bilde die Formen des pretérito imperfecto:
llevarse bien / nosotros – no dar ni golpe / yo – vivir en Madrid / él – estudiar mucho / nosotros – salir poco / ellos – conocer a mucha gente / nosotros – ser tres hermanos / nosotros – ir siempre al cine / ella

▪▪▪ 2 Das Adverb (2): Abgeleitete Adverbien · El adverbio (2): Adverbios derivados

Im Spanischen können von den meisten Adjektiven Adverbien abgeleitet werden.

♂	♀	Adverb
tranquil**o**	tranquil**a**	tranquil**amente**
	tradicional	tradicional**mente**
	independiente	independiente**mente**
	f**á**cil	f**á**cil**mente**

Bei den Adjektiven auf **-o** wird an die weibliche Form im Singular (**-a**) die Endung **-mente** angehängt.

In allen anderen Fällen wird die Endung **-mente** direkt an das Adjektiv angehängt.

Hat das Adjektiv bereits einen Akzent, so bleibt dieser beim Adverb erhalten.

4 cuatro

ENCUENTROS 2

Es una chica muy tranquila.
Sie ist ein sehr ruhiges Mädchen.
Trabaja tranquila**mente**.
Sie arbeitet ruhig.

Es un chico muy tradicional.
Er ist ein traditioneller Junge.
Tradicional**mente** los españoles comen uvas en
la Noche Vieja.
Aus Tradition / Traditionellerweise essen die
Spanier an Silvester Trauben.

! Es ist oft nicht leicht, Adjektive und
Adverbien auseinander zu halten, wenn sie
im Deutschen die gleiche Form haben wie in
diesen beiden Beispielen.

Hier kann man dagegen auch im Deutschen
einen Unterschied feststellen.

> Adjektive beziehen sich direkt auf Substantive, also Personen und Sachen.
>
> Adverbien beziehen sich auf Verben, Adjektive, andere Adverbien oder einen ganzen Satz.

⤵ Spanisch / Französisch / Englisch
probable**mente** / probable**ment** / probab**ly**

EL AMOR ES ASÍ …

3 **Gebrauch des pretérito imperfecto und des pretérito indefinido ·**
Uso del pretérito imperfecto y del pretérito indefinido

In Encuentros 1, Ausgabe B hast du schon einiges über die Verwendung des **pretérito indefinido**
gelernt. An dieser Stelle lernst du, wann das **pretérito imperfecto** verwendet wird und wie du
beide Zeiten im Textzusammenhang richtig anwendest.

3.1 Pretérito imperfecto · Pretérito imperfecto

Antes **era** diferente: Cuando **tenía** 17 años,
vivía con mi familia en Sevilla. Mis padres
trabajaban, yo **iba** al colegio y casi todos los
días **jugaba** al fútbol …
Früher war es anders: Als ich 17 Jahre alt war,
wohnte ich mit meiner Familie in Sevilla. Meine
Eltern arbeiteten, ich ging zur Schule, und fast
jeden Tag spielte ich Fußball …

> Das **pretérito imperfecto** dient zur Beschreibung einer Situation oder sich unbestimmt oft wiederholender Handlungen in der Vergangenheit.

⤵ Latein / Französisch
Cum puer esset, semper lacrimabat.
Quand il était petit, il pleurait toujours.

3.2 Pretérito indefinido und imperfecto im Text ·
Pretérito indefinido e imperfecto en el texto

Era una noche de verano. Yo **estaba** sentado
en la barra, la gente **bailaba**, **escuchábamos**
música de todos los estilos, …
Es war eine Sommernacht. Ich saß an der Theke, die
Leute tanzten, wir hörten alle mögliche Musik, …

> Die Geschichte fängt mit dem **pretérito imperfecto** an: Hier wird eine Situation beschrieben, die eine Weile andauert. Es passiert noch nichts Neues.

cinco **5**

ENCUENTROS 2

… cuando de repente la **vi**: **Entró**, **miró**, me **vio**, se **acercó** a la barra y se **sentó** a mi lado.
… als ich sie plötzlich sah: Sie kam herein, schaute sich um, sah mich, kam an die Theke und setzte sich neben mich.

An dieser Stelle passiert etwas Neues: jemand kommt herein, schaut, geht: dies sind lauter Handlungen. Daher wird das **pretérito indefinido** benutzt.

Era la chica que **vivía** en casa de su tía.
Es war das Mädchen, das bei seiner Tante wohnte.

Hier wird mit dem **pretérito imperfecto** wieder eine Situation beschrieben, eine Erklärung geliefert.

Estábamos en la cocina cuando **llamó** Pablo.
Wir waren in der Küche, als Pablo anrief.

Um zu verdeutlichen, dass der Anruf von Pablo eine Situation oder einen Zustand unterbricht, wird das **pretérito indefinido** verwendet.

La fiesta **fue** fenomenal: **había** mucha gente maja, **ponían** salsa, merengue, hiphop … de todo.
Die Fete war toll: es waren viele nette Leute da, man spielte Salsa, Merengue, Hiphop … von allem etwas.

Auch eine Feststellung, eine Beurteilung wird im **pretérito indefinido** getroffen, die Erklärung dafür steht dagegen im **pretérito imperfecto**.

❗ Sehr hilfreich ist hier die Vorstellung, wie du einen Film siehst:

All das, was du im Hintergrund siehst, was im Hintergrund passiert, was oft in der Totalen dargestellt wird, verlangt das **pretérito imperfecto**:
Era muy temprano y la calle **estaba** tranquila.

Die Handlungen und Ereignisse, die im Vordergrund ablaufen, neu ins Bild gefasst werden, anfangen, enden, aufeinander folgen, oft mit näheren Kameraeinstellungen erfasst werden, werden mit dem **pretérito indefinido** wiedergegeben:
Begoña **salió** de casa y **saludó** a Mari. La **invitó** a tomar un café …

… y las dos **entraron** en el bar de al lado.

ENCUENTROS 2

4 **Das Plusquamperfekt · El pretérito pluscuamperfecto**

In diesem Kapitel lernst du mit dem Plusquamperfekt die vierte Vergangenheitszeit kennen.

Infinitiv	Hilfsverb	Partizip
lleg**ar**	hab**ía** hab**ías**	lleg**ado**
com**er**	hab**ía** hab**íamos**	com**ido**
viv**ir**	hab**íais** hab**ían**	viv**ido**

Cuando nos llamó, ya **habíamos llegado.**
Als er uns anrief, ***waren wir schon angekommen****.*

> Das Plusquamperfekt wird gebildet aus dem Imperfekt des Hilfsverbs **haber** und dem Partizip des entsprechenden Verbs.

> Das Plusquamperfekt wird benutzt, um eine abgeschlossene Handlung zu benennen, die vor einer anderen Handlung in der Vergangenheit stattgefunden hat (= Vorvergangenheit). Das kennst du schon aus dem Deutschen, Englischen und Französischen.

5 **Das Objektpronomen (3) · El pronombre de complemento (3)**

In Encuentros 1, Ausgabe B hast du schon die indirekten und die direkten Objektpronomen kennengelernt. Hier lernst du nun die Besonderheiten bei der Verwendung von zwei Objektpronomen in einem Satz kennen.

5.1 Zwei Objektpronomen im Satz · Dos pronombres de complemento

	indirektes (wem?) Objektpronomen	direktes (was?) Objektpronomen
Singular	me te	lo
3. Person	**!** se	la
Plural	nos os	los
3. Person	**!** se	las

> Hier siehst du erst einmal die Kombinationsmöglichkeiten.
> Anders als im Deutschen steht im Spanischen das indirekte vor dem direkten Objektpronomen.
> In der 3. Person wird das indirekte Objektpronomen le (Sing.) bzw. **les** (Plural) zu **se**: se + lo / la / los / las.

<u>Me</u> ha dado **el libro**.
Sie hat <u>mir</u> ***das Buch*** *gegeben.*
<u>Me</u> **lo** ha dado.
Sie hat ***es*** *<u>mir</u> gegeben.*

<u>Te</u> ha comprado **la moto**.
Er hat <u>dir</u> ***das Motorrad*** *gekauft.*
<u>Te</u> **la** ha comprado.
Er hat ***es*** *<u>dir</u> gekauft.*

> In den beiden ersten Beispielen steht das indirekte Objektpronomen **me / te** schon da, das direkte Objekt **el libro / la moto** wird durch **lo** bzw. **la** ersetzt.

<u>Le</u> he escrito **la carta** <u>a Ana</u>.
Ich habe <u>Ana</u> ***den Brief*** *geschrieben.*
<u>Se</u> **la** he escrito.
Ich habe ***ihn*** *<u>ihr</u> geschrieben.*

> In diesem Beispiel werden beide Objekte **la carta / a Ana** durch die Objektpronomen ersetzt: **la carta** durch **la**, **a Ana** durch **se**. Dass vorher schon das indirekte Objektpronomen **le** im Satz steht, hat mit der Verdoppelung des indirekten Objekts zu tun.

siete **7**

ENCUENTROS 2

5.2 Stellung der Objektpronomen · La posición de dos pronombres de complemento

Für zwei Objektpronomen gelten dieselben Regeln wie für ein Objektpronomen.

No **me lo** dice.
Er sagt es mir nicht.
¡Dí**melo**!
Sag es mir!
Cómpra**melo**.
Kauf es mir!

> Sie stehen vor dem konjugierten Verb.
> Sie werden an den bejahten Imperativ angehängt.

Me lo quiere decir. / Quiere decír**melo**.
Er will es mir sagen.

Te lo estoy explicando. / Estoy explicándo**telo**.
Ich erkläre es dir gerade.

> Bei den Infinitivkonstruktionen können sie vor dem konjugierten Verb stehen oder an den Infinitiv angehängt werden.
> Ebenso werden sie an das **gerundio** angehängt oder können in der Verlaufsform vor dem konjugierten Verb stehen.

> **!** Die angehängten Objektpronomen bewirken, dass der Vokal der Silbe, die im Verb normalerweise betont wird, einen Akzent bekommt.

> Übersetze:
> Ich gebe es ihm (el libro). – Sie hat es uns gesagt. – Werdet ihr es mir morgen sagen? – Wann kaufen wir es ihr (la moto)? – Sie erklärt es ihnen noch einmal (el indefinido a los alumnos).

MENSAJE EN EL BOTELLÓN

6 Die indirekte Rede (1) · El estilo indirecto (1)

6.1 Der indirekte Aussagesatz · El enunciado indirecto

Pedro dice: «Quiero ir al cine.»
Pedro sagt: *„Ich will ins Kino gehen.“*
Pedro dice
… cuenta
… explica   **que** quiere ir al cine.
… escribe
Pedro sagt,
… erzählt,
… erklärt,   **dass** *er ins Kino gehen will.*
… schreibt,

> Die indirekte Rede besteht aus dem Hauptsatz (mit Verben wie **decir, contar, explicar, escribir**) und dem Nebensatz, in dem der Inhalt der Aussage der direkten Rede steht. Dieser wird durch die Konjunktion **que** (dass) eingeleitet.
> Haupt- und Nebensatz werden, anders als im Deutschen, nicht durch ein Komma getrennt.

José dice: «**Voy** a casa de **mi** tía.»
*José sagt: „**Ich gehe** zu **meiner** Tante.“*
José dice que **va** a casa de **su** tía.
*José sagt, dass **er** zu **seiner** Tante **geht**.*

> Die Satzstellung in der indirekten Rede ist im Spanischen dieselbe wie die in der direkten Rede.

> **!** Beachte, dass sich sowohl die Verbform als auch die Possessivbegleiter ändern können.

ENCUENTROS 2

6.2 Die indirekte Frage · La interrogación indirecta

Ana me pregunta: «¿Vas conmigo?»
Ana fragt mich: „Kommst du mit mir?"
Ana pregunta **si** voy con ella.
*Ana fragt, **ob** ich mit ihr komme.*

In diesem Beispiel handelt es sich um eine Entscheidungsfrage (Antwort: „ja" oder „nein"). Die indirekte Frage wird mit si (ob) eingeleitet und wird nicht durch ein Komma abgetrennt.

¿Cuándo empieza el cine?
***Wann** fängt das Kino an?*
Pregunta / Quiere saber **cuándo** empieza el cine.
*Sie fragt / will wissen, **wann** das Kino anfängt.*

In diesem und den folgenden Beispielen handelt es sich um Teilfragen. Sie werden mit einem Fragewort eingeleitet, das wie in der direkten Frage immer einen Akzent hat.

¿Adónde vais?
***Wohin** geht ihr?*
Pregunta / Quiere saber **adónde** vamos.
.... *... **wohin** wir gehen.*

Die Satzstellung in der indirekten Frage ist im Spanischen dieselbe wie die in der direkten Frage.

¿Con quién sales?
***Mit wem** gehst du weg?*
Pregunta / Quiere saber **con quién** salgo.
.... *... **mit wem** ich weggehe.*
¿Cómo va a Madrid?
***Wie** fährt er nach Madrid?*
Pregunta / Quiere saber **cómo** va Madrid.
.... *... **wie** er nach Madrid fährt.*

! Beachte wiederum, dass sich sowohl die Verbform als auch die Possessivbegleiter ändern können.

Setze in die indirekte Rede / Frage: *Dice / Pregunta / Quiere saber* ...
¿Dónde está el cd de Jarabe? – Quiero ir al concierto con Ana. – ¿Cuándo llegan Ana y Belén? – ¿Me llamas esta tarde? – Voy a llegar tarde a casa.

◼◼◼ 7 Das Relativpronomen (2): *lo que* · El pronombre relativo (2): *lo que*

In Encuentros 1, Ausgabe B wurde das Relativpronomen **que** behandelt. An dieser Stelle lernst du ein weiteres kennen: lo que.

Cuéntame **lo que** has hecho hoy.
Erzähl mir, was du heute gemacht hast.

Lo que no me gusta nada es estudiar tanto.
(Das) Was mir gar nicht gefällt, ist so viel lernen zu müssen / dass ich so viel lernen muss.

Das Relativpronomen **lo que** bezieht sich auf einen ganzen Satz oder etwas Umfassendes, d. h. es gibt kein konkretes Bezugswort.
Der Relativsatz kann vor oder hinter dem Hauptsatz stehen.

⮌ Französisch / Deutsch / Spanisch
Cuéntame **lo que** haces.
Raconte-moi **ce que** tu fais.
! Im Deutschen wird das „das" beim Relativpronomen „das, was" oft weg gelassen.

nueve **9**

ENCUENTROS 2

PLANOS DE VALENCIA

■ ■ 8   Der subjuntivo (1) · El subjuntivo (1)

8.1 Regelmäßige Bildung · Morfología regular

tom-**ar**	corr-**er**	sub-**ir**
tom**e**	corr**a**	sub**a**
tom**es**	corr**as**	sub**as**
tom**e**	corr**a**	sub**a**
tom**emos**	corr**amos**	sub**amos**
tom**éis**	corr**áis**	sub**áis**
tom**en**	corr**an**	sub**an**

Der **presente de subjuntivo** wird aus dem Stamm der Verben in der 1. Person Singular Präsens Indikativ (**tom-** / **corr-** / **sub-**) gebildet.
Die Endungen für die Verben auf **-ar** sind **-e** / **-es** / **-e** / **-emos** / **-éis** / **-en**, in den Endungen kommt also immer ein **-e-** vor.
Für die Verben auf **-er** und **-ir** sind die Endungen gleich und lauten **-a** / **-as** / **-a** / **-amos** / **-áis** / **-an**, in den Endungen kommt also immer ein **-a-** vor.

⑤ Latein
viv**ere**:   viv**is**   viv**as**
labor**are**: labor**as** labor**es**

Infinitiv	1. Pers. Singular Präsens Indikativ	subjuntivo
decir	**dig**o	**dig**a …
hacer	**hag**o	**hag**a …
poner	**pong**o	**pong**a …
salir	**salg**o	**salg**a …
tener	**teng**o	**teng**a …
traer	**traig**o	**traig**a …
venir	**veng**o	**veng**a …
conocer	**conozc**o	**conozc**a …
oír	**oig**o	**oig**a …

! In dieser Liste findest du eine Reihe von Verben, deren 1. Person Singular Präsens Indikativ unregelmäßig ist, von der der **presente de subjuntivo** dann aber regelmäßig abgeleitet wird.

lle**gar**	bus**car**	empe**zar**
lle**gue**	bus**que**	empie**c**e
lle**gues**	bus**que**s	empie**c**es
lle**gue**	bus**que**	empie**c**e
…	…	…

! Denke daran, dass sich bei den Verben auf **-gar, -car** und **-zar** zur Beibehaltung der Aussprache die Schreibweise ändert.

cerr**ar**	pod**er**
c**ie**rre	p**ue**da
c**ie**rres	p**ue**das
c**ie**rre	p**ue**da
cerremos	podamos
cerréis	podáis
c**ie**rren	p**ue**dan

Die Verben, die im Indikativ Präsens diphthongieren (einen Doppellaut bilden), tun dies in denselben Personen auch im **subjuntivo**: das heißt in den stammbetonten Formen des Singulars und der 3. Person Plural.

ENCUENTROS 2

pedir

pida
pidas
pida
pidamos
pidáis
pidan

> Die Verben auf -ir, die im Indikativ Präsens den Stammvokal -e- in -i- umwandeln (z. B. **pedir**), behalten diesen auch in den endungsbetonten Formen: **pidamos, pidáis**.

sentir	dormir
sienta	duerma
sientas	duermas
sienta	duerma
sintamos	durmamos
sintáis	durmáis
sientan	duerman

> Einige Verben auf -ir, die den Stammvokal von -e- zu -ie- diphthongieren, haben in der 1. und 2. Person Plural ein -i- im Stamm. Dazu gehören **sentir** und **preferir**.
> Bei den Verben **dormir** und **morir** („sterben") ist der Stammvokal für die 1. und 2. Person Plural ein -u-.

Schreibe die subjuntivo-Formen der folgenden Verben:
comemos – trabajo – vives – llegáis – oye – decimos – pongo – pueden – tienen – salís – cierras – conoce – venimos – sabes – busca – empiezas – traemos – hacéis – dormís

8.2 Die unregelmäßigen Verben · Los verbos irregulares

Es gibt im Spanischen nur sechs Verben, die im **presente de subjuntivo** unregelmäßig sind.

dar	estar	ser	saber	ir	haber
dé	esté	sea	sepa	vaya	haya
des	estés	seas	sepas	vayas	hayas
dé	esté	sea	sepa	vaya	haya
demos	estemos	seamos	sepamos	vayamos	hayamos
deis	estéis	seáis	sepáis	vayáis	hayáis
den	estén	sean	sepan	vayan	hayan

once 11

8.3 Gebrauch · Uso

Für den **subjuntivo** gibt es im Deutschen keine Entsprechung. Diejenigen, die Französisch lernen, werden aber viele Gemeinsamkeiten mit dem *subjonctif* feststellen.

Im Hauptsatz
Ojalá haga buen tiempo.
Hoffentlich ist schönes Wetter.
Que lo pases bien.
Möge es dir gut ergehen.
¡**Viva** España!
Es lebe Spanien.

> In Hauptsätzen steht der **subjuntivo** nach **ojalá** sowie dann, wenn ein Wunsch oder eine Aufforderung ausgedrückt wird. In diesem Fall steht zu Beginn des Hauptsatzes meist ein **que** (Beispiel 2), manchmal aber auch nicht (Beispiel 3).

Nach Konjunktionen
Te lo digo **para que** lo sepas.
Ich sage es dir, damit du es weißt.

> Nach der Konjunktion **para que** wird immer der **subjuntivo** benutzt.

Im Nebensatz mit que (=dass)

> Nach Verben, die eine Willensäußerung ausdrücken, steht der **subjuntivo**.
> Wünsche

Quiere que la llames.
Sie möchte, dass du sie anrufst.
Me **piden que** los ayude.
Sie bitten mich ihnen zu helfen.
Te **aconsejo que** vayas a España.
Ich rate dir nach Spanien zu fahren.

> Bitten
>
> Ratschläge

querer que
desear que
wünschen, dass
esperar que
hoffen, dass

> Die wichtigsten dir bekannten Verben des Wunsches sind **querer**, **desear** und **esperar**.

pedir que
bitten, dass

> Das wichtigste dir bekannte Verb des Bittens ist **pedir**.

aconsejar que
raten, dass
recomendar que
empfehlen, dass

> Die wichtigsten dir bekannten Verben des Ratens sind **aconsejar** und **recomendar**.

es posible que / puede ser que
es ist möglich, dass
es una lástima que
es ist schade, dass
es mejor que
es ist besser, dass
lo mejor es que
das Beste ist, dass
es necesario que
es ist nötig, dass

> Der **subjuntivo** steht nach den meisten unpersönlichen Ausdrücken, da sie fast immer Bewertungen, Gefühle oder Möglichkeiten enthalten.
> Hier findest du eine Übersicht der unpersönlichen Ausdrücke mit nachfolgendem **subjuntivo**, die in Módulo 2 A vorkommen.

> ❗ Die Liste der unpersönlichen Ausdrücke, nach denen der **subjuntivo** stehen muss, ist sehr lang. Dagegen gibt es nur wenige, nach denen der Indikativ steht.

12 doce

ENCUENTROS 2

Es seguro que **viene**.
Es ist sicher, dass er kommt.

No es seguro que **venga**.
Es ist nicht sicher, dass er kommt.

Creo que me **quiere**.
Ich glaube, dass sie / er mich liebt.
No creo que me **quiera**.
Ich glaube nicht, dass sie / er mich liebt.

Bisher kennst du nur einen unpersönlichen Ausdruck, nach dem der Indikativ steht: **es seguro que**.
Wird dieser Ausdruck jedoch verneint, so folgt der **subjuntivo**.

Ist **creer** bejaht, so folgt der Indikativ.

Nach verneintem **creer** steht der **subjuntivo**.

⮂ Spanisch / Französisch
Il faut que tu viennes.
Il ne croit pas que tu viennes.

Vervollständige:
Es necesario que (él / venir). – Creemos que Ana no (tener) tiempo. – Es una lástima que no (tú / poder) venir. – No es seguro que Pepe (llegar) a las ocho. – No creen que Puri (querer) a Jorge.

9 Der Bedingungssatz (1) · La oración condicional (1)

9.1 Der reale Bedingungssatz · La oración condicional real

Eine reale Bedingung ist eine erfüllbare Bedingung: Wenn er kommt, rufe ich dich an.

Si le gusta la paella, tiene que ir a Valencia.
Wenn er gerne Paella isst, muss er nach Valencia fahren.

Si tenemos tiempo, vamos a visitar el IVAM.
Wenn wir Zeit haben, gehen wir ins IVAM

Si vas de compras, trae pan.
Wenn du einkaufen gehst, bring Brot mit!

Im realen Bedingungssatzgefüge steht im Nebensatz **(si** …) der Indikativ Präsens, im Hauptsatz entweder

der Indikativ Präsens,

das Futur,

oder der Imperativ.

⮂ Latein / Französisch
Si thermae apertae erunt, ad thermas ibimus.
Si la piscine est ouverte, on y va.

trece 13

PROYECTOS DE VALENCIA

▪ 1 0 Der subjuntivo (2) · El subjuntivo (2)

10.1 Gebrauch · Uso

Hier lernst du weitere Verben und unpersönliche Ausdrücke kennen, nach denen im Nebensatz mit que („dass") der **subjuntivo** stehen muss (▷ S. 12, Nr. 8.3).

Me **alegro de que** puedas venir. *Ich freue mich, dass du kommen kannst.* **Estoy harto de que** no me comprendan. *Ich bin es Leid, dass sie mich nicht verstehen.* **Tengo miedo de que** lo olvide. *Ich habe Angst, dass sie es vergisst.* **Siento que** no te quedes. *Es tut mir Leid, dass du nicht bleibst.* Me **extraña que** no lo sepa. *Es wundert mich, dass er es nicht weiß.* (**No**) le **importa que** te sientas mal. *Es ist ihm (nicht) egal, dass du dich schlecht fühlst.* Me **gusta que** pase por aquí. *Es gefällt mir, dass sie vorbeikommt.*	Der **subjuntivo** steht nach den Verben und unpersönlichen Äußerungen, die Gefühle ausdrücken, zum Beispiel: Freude Verärgerung Angst Bedauern Erstaunen Gleichgültigkeit (+ Gegenteil) Gefallen
alegrarse de que *sich freuen, dass* **estar contento/-a de que** *zufrieden sein, dass*	Die wichtigsten dir bekannten Verben und unpersönlichen Ausdrücke der Freude sind **alegrarse de** und **estar contento/-a de**.
estar harto/-a de que *es Leid sein, dass* (**me**) **fastidia que** *es ärgert (mich), dass*	Die wichtigsten dir bekannten Verben und unpersönlichen Ausdrücke der Verärgerung sind **estar harto/-a de** und **fastidiar a alg**.
(**me**) **extraña que** *es erstaunt (mich), dass* (**me**) **sorprende que** *es überrascht (mich), dass*	Die wichtigsten dir bekannten Verben und unpersönlichen Ausdrücke des Erstaunens sind **extrañar** und **sorprender**.
(**no**) (**me**) **importa que** (**no**) **es importante que** *es macht (mir) nichts / etwas aus, dass*	Das wichtigste dir bekannte Verb bzw. der unpersönliche Ausdruck der Gleichgültigkeit und seines Gegenteils ist **importar** bzw. **es importante**.
sentir que *bedauern, dass* **estar triste de que** *traurig sein, dass*	Die wichtigsten dir bekannten Verben des Bedauerns sind **sentir** und **estar triste de**.

ENCUENTROS 2

(me) gusta que
es gefällt mir, dass
(me) encanta que
(ich) finde es toll, dass

Die wichtigsten dir bekannten unpersönlichen Ausdrücke des Gefallens sind **gustar** und **encantar**.

10.2 *parecer* mit Indikativ oder subjuntivo · El verbo *parecer* con indicativo o subjuntivo

(Me) **Parece que tiene** ganas de estudiar.
Es (Mir) scheint, dass er Lust hat zu lernen.
No (me) **parece que tenga** ganas de estudiar.
Es (Mir) scheint nicht, dass er Lust hat zu lernen.
Me **parece** necesario / importante / …
que estudies.
Es scheint mir nötig / wichtig / …, dass du lernst.

Me **parece bien que** llame.
Ich finde es gut, dass er anruft.

Nach **parecer que** folgt der **indicativo**. Es hat die Bedeutung von **creer que** „glauben, dass". (▷ S. 13, Nr. 8.3) Entsprechend folgt nach **no parecer que** der **subjuntivo**.
Nach **parece + adjetivo + que** folgt der **subjuntivo,** weil es dann **es + adjetivo + que** ersetzt (z. B. **es necesario que** / …)

Für das deutsche „Ich finde es gut, dass" wird im Spanischen das Adverb **bien** benutzt.

CHICAS CON MARCHA

1 1 Der Imperativ (2) · El imperativo (2)

11.1 Formen · Formas

Aus Encuentros 1, Ausgabe B kennst du schon die bejahten Imperative für die 2. Person Singular (**tú**) und Plural (**vosotros**). Hier lernst du nun die restlichen Formen kennen.

Für folgende Formen des Imperativs wird die entsprechende Verbform des **subjuntivo** benutzt:

Coma (ud.) más fruta.
Essen Sie mehr Obst!
Hablen (uds.) con su hijo.
Sprechen Sie mit Ihrem Sohn!
Hagamos un trato.
Treffen wir eine Abmachung!

Für die Höflichkeitsform im Singular,

für die Höflichkeitsform im Plural

sowie für die Aufforderung an uns selbst.

! Dieses gibt es so im Deutschen nicht. Man kann diese Aufforderung auch mit „Lass(t) uns (eine Abmachung treffen)" übersetzen.

Auch wird für alle Formen des verneinten Imperativs der entsprechende **subjuntivo** verwendet:
für die 2. Person Singular,

No **vuelvas** tarde.
Komm nicht so spät nach Hause!

quince **15**

ENCUENTROS 2

2 c

No **fuméis**.
Raucht nicht!
No nos **quedemos**.
Bleiben wir nicht!
No **corra/n** tanto.
Laufen Sie nicht so (schnell)!

die 2. Person Plural,

die Aufforderung an uns selbst,

die Höflichkeitsform im Singular / Plural

⛊ Latein
Indikativ: Veni sero!   ¡Vuelve tarde!
Konjunktiv: Ne sero veneris! ¡No vuelvas tarde!

11.2 Die Stellung der Reflexiv- und Objektpronomen ·
La posición de los pronombres reflexivos y de complemento

Ve**te**.	No **te** vayas.
Geh weg!	*Geh nicht weg!*
Lláme**me**.	No **me** llame.
Rufen Sie mich an!	*Rufen Sie mich nicht an!*
Váyan**se**.	No **se** vayan.
Gehen Sie!	*Gehen Sie nicht!*
❗ Levanta**os**.	No **os** levantéis.
Steht auf!	*Steht nicht auf!*
Quedémo**nos**.	No **nos** quedemos.
❗ *Bleiben wir!*	*Bleiben wir nicht!*

Anders als beim bejahten Imperativ stehen beim verneinten Imperativ die Reflexiv- und Objektpronomen wie gewöhnlich nach der Verneinung und vor dem konjugierten Verb (hier: dem Imperativ).

❗ Bei der 2. Pers. Pl. des bejahten Imperativs der reflexiven Verben entfällt das -*d:* Levanta~~d~~os.
❗ Bei der 1. Pers. Pl. des bejahten Imperativs entfällt das Endungs-*s:* Quedémo~~s~~nos.

Übersetze:
Helft uns! – Lasst uns Brot und Käse kaufen! – Kommen Sie herein (= pasar), Herr González! – Raucht nicht so viel! – Meine Damen und Herren, treiben Sie mehr Sport!

1 2 Der subjuntivo (3) · El subjuntivo (3)

12.1 Die indirekte Aufforderung · El imperativo indirecto

(Pues) **Que** pase.
Er soll (doch) hereinkommen!
Dile que venga a las ocho.
Sag ihm, er soll um 8 Uhr kommen.

Im Spanischen gibt es einige Konstruktionen, die eine indirekte Aufforderung enthalten. Diese Aufforderung wird im Deutschen meist mit dem modalen Hilfsverb „sollen" ausgedrückt.

Dice / Escribe que lo **llames.**
*Er sagt / schreibt, dass du ihn anrufen **sollst**.*

Werden die Verben **decir** und **escribir** als Aufforderung verstanden („sollen"), so steht nach ihnen der **subjuntivo**.

Dice / Escribe que **llega** a las diez.
Sie sagt / schreibt, dass sie um 10 Uhr kommt.

Haben sie jedoch die Bedeutung von „mitteilen", so steht nach ihnen natürlich der **Indikativ**.

Übersetze
Sag ihr, sie soll um 10 Uhr kommen. – Sie sagt, sie kommt heute Nachmittag. – Warum schreibt ihr, dass ihr keine Zeit habt? – Sie sollen hereinkommen. – Sie schreibt, wir sollen sie anrufen.

dieciséis

ENCUENTROS 2

¡NO VOTAREMOS EN BLANCO!

■ 1 3 Prozentzahlen · Porcentajes

El 10% (por ciento) de los emigrantes **es** de América Latina.
10 % der Emigranten stammen aus Lateinamerika.
Un 91% de los mexicanos **sabe** leer y escribir.
91% der Mexikaner können lesen und schreiben.

Dos de cada cinco habla**n** quechua.
Zwei von fünf (40%) sprechen Quechua.
Uno de cada seis trabaj**a** en el turismo.
Einer von sechs (16,7%) arbeitet im Tourismus.

Im Spanischen stehen vor den Prozentzahlen immer der bestimmte oder der unbestimmte Artikel im Singular.
Das sich darauf beziehende Verb steht ebenfalls im Singular.

Bei einfach zu berechnenden Teilmengen wird häufig „zwei von fünf" / „eine(r) von sechs" (**dos de cada cinco / uno/-a de cada seis**) benutzt.
Bei **uno/-a de** … steht das Verb wieder im Singular.

■ 1 4 Das Futur · El futuro

14.1 Regelmäßige Bildung · Morfología regular

hablar	comer	vivir
hablar**é**	comer**é**	vivir**é**
hablar**ás**	comer**ás**	vivir**ás**
hablar**á**	comer**á**	vivir**á**
hablar**emos**	comer**emos**	vivir**emos**
hablar**éis**	comer**éis**	vivir**éis**
hablar**án**	comer**án**	vivir**án**

Der Stamm des Futurs ist der Infinitiv.
An ihn werden die Endungen des Futurs angehängt:
Infinitiv + -é, -ás, -á, -emos, -éis, -án.
Die Endungen sind für alle Verben gleich.

! Außer der 1. Person Plural haben alle Endungen des Futurs einen Akzent.

14.2 Die unregelmäßigen Verben · Los verbos irregulares

Einige wichtige Verben haben einen unregelmäßigen Stamm für das Futur. Dazu gehören:

decir	**dir**é …	saber	**sabr**é …
haber	**habr**é …	salir	**saldr**é …
hacer	**har**é …	tener	**tendr**é …
poder	**podr**é …	valer	**valdr**é …
poner	**pondr**é …	venir	**vendr**é …
querer	**querr**é …		

Das Futur von **hay** ist **habrá**.

Wie **poner** haben auch die Komposita (= zusammengesetzte Verben) **proponer** und **suponer** einen unregelmäßigen Futurstamm: **propondré** … / **supondré** …

14.3 Gebrauch · Uso

El mes que viene **seré** mayor de edad.
Im nächsten Monat werde ich volljährig.

¿Qué hora es? – **Serán** las ocho.
Wie viel Uhr ist es? – Es wird (wohl) 8 Uhr sein.

Das Futur wird in folgenden Fällen gebraucht:

für in der Zukunft liegende Handlungen oder Zustände

zum Ausdruck einer Vermutung

diecisiete **17**

ENCUENTROS 2

Tendrán que votar por nosotros.
Sie müssen uns wählen.

Si tenemos tiempo mañana, **iremos** a la playa.
Wenn wir morgen Zeit haben, gehen wir an den Strand / werden wir an den Strand gehen.

Este verano va a ir a Sevilla.

zum Ausdruck einer Forderung oder eines Gebots

in manchen realen Bedingungssätzen (▷ S. 13, Nr. 9).

! In der Umgangssprache wird für die nahe liegende Zukunft meist die Konstruktion **ir a +** Infinitiv gebraucht.

Ergänze mit dem Verb im Futur:
El año que viene (ir / nosotros) a Perú. – El mes que viene (tener / ellos) mucho dinero. – No lo (decir / él). – Lo (hacer / ellas) mañana. – (Venir / ella) la semana que viene. – Mañana (saber / yo) más. – (Querer / ella) ir al cine.

DE VISITA EN BUENOS AIRES

1 5 Das gerundio (2) · El gerundio (2)

In Encuentros 1, Ausgabe B hast du die Bildung des **gerundio** und dessen Gebrauch in der Verlaufsform kennen gelernt. Hier lernst du nun weitere Anwendungsbereiche kennen.

15.1 Hilfsverb und gerundio · Verbo auxiliar y gerundio

Susana **continúa hablando** con los chicos.
*Susana **spricht immer noch** mit den Kindern.*
Pablo **sigue soñando con** Conchi.
*Pablo **träumt weiter** von Conchi.*

Seguir / continuar + gerundio drückt die Fortsetzung einer Handlung aus.

La abuela **lleva** 25 años **viviendo** en San Telmo.
*Die Großmutter **lebt (schon) seit** 25 Jahren in San Telmo.*

Mit **llevar** + Angabe eines Zeitraums + **gerundio** wird ausgedrückt, dass man schon eine bestimmte Zeit etwas tut.

La situación **va mejorándose**.
*Die Situation **verbessert** sich **allmählich**.*

Ir + gerundio betont die sich allmählich verstärkende Entwicklung einer Handlung.

Se queda mirando el mar.
Er bleibt stehen und betrachtet das Meer.
Sale aprobando el examen.
Sie hat schließlich das Examen bestanden.

Auch mit den Verben **quedarse** und **salir** („schließlich etwas tun") kann das **gerundio** stehen. Diese Kombinationen werden aber seltener benutzt.

15.2 Verkürzung eines adverbialen Nebensatzes

Die folgenden Konstruktionen werden eher in der Schriftsprache verwendet.

Saliendo del cine vi a Juan.
***Als** ich aus dem Kino kam, sah ich Juan.*

Das **gerundio** kann verwendet werden zur Verkürzung eines temporalen Nebensatzes: **Cuando salía del cine** …

18 dieciocho

ENCUENTROS 2

(Aun) **Teniendo** mucho tiempo no quería ir de vacaciones.
***Obwohl** er viel Zeit hatte, wollte er nicht in Urlaub fahren.*

Konzessivsatzes: **Aunque tenía mucho tiempo** …

Übersetze:
José träumt weiter von seiner Freundin Cristina. – Die Noten von Merce werden langsam besser. – Pedro arbeitet schon 6 Monate in Granada.

1 6 Das Possessivpronomen · El pronombre posesivo

In Encuentros 1, Ausgabe B hast du die Possessivbegleiter (**mi/s**, **tu/s**, …) kennengelernt. In diesem Kapitel lernst du nun die Possessivpronomen kennen.

16.1 Formen · Formas

Singular		Plural		
♂	♀	♂	♀	
mío	mía	míos	mías	*mein/e*
tuyo	tuya	tuyos	tuyas	*dein/e*
suyo	suya	suyos	suyas	*sein/e, ihr/e, Ihr/e*
nuestro	nuestra	nuestros	nuestras	*unser(e)*
vuestro	vuestra	vuestros	vuestras	*euer(e)*
suyo	suya	suyos	suyas	*ihr/e, Ihr/e*

Die Possessivpronomen haben die Eigenschaft eines Adjektivs mit der Endung **-o**. Daher haben sie jeweils vier Endungen und richten sich wie das Adjektiv nach dem Bezugswort, einem Substantiv.

↗ Englisch/Französisch
It's *mine*. / C'est *le mien / la mienne*.

16.2 Gebrauch · Uso

Esta casa es **mía**.
Das Haus gehört mir.

Mi móvil me gusta más que **el tuyo**.
Mein Handy gefällt mir besser als deins.

Laura es una sobrina **suya**.
Laura ist eine Nichte von ihm / ihr.

¡Dios **mío**!
Mein Gott!

Das Possessivpronomen steht:
allein nach dem Verb **ser**;

allein nach dem bestimmten Artikel, d. h. es kann wie ein Substantiv verwendet werden;

im Sinne von „eine/r von mehreren" **hinter** dem Bezugswort;

in der 1. Person in Ausrufen.

1 7 Die indirekte Rede (2) · El estilo indirecto (2)

In Módulo 1 C (▶ S. 8, Nr. 6) hast du die indirekte Rede kennen gelernt, in der das Verb des Hauptsatzes im Präsens steht.
In der indirekten Rede in der Gegenwart gibt es keine Schwierigkeiten in Bezug auf die Zeitenfolge: Die Zeit der direkten Rede ändert sich nicht. Anders ist dies bei der indirekten Rede in der Vergangenheit: Sie ist zwar regelmäßig und klar, doch muss man sich gut merken, welche Zeiten sich ändern und welche nicht. Da du die indirekte Rede in der Gegenwart vor der Einführung des Futurs, des Konditionals und des **imperfecto** und **pluscuamperfecto de subjuntivo** kennen gelernt hast, findest du im Kapitel 17. 1 das komplette Schema für die indirekte Rede im Präsens, im Kapitel 17. 2 den vollständigen Überblick über die indirekte Rede in der Vergangenheit.

diecinueve 19

ENCUENTROS 2

17.1 Die indirekte Rede im Präsens · El estilo indirecto en presente

direkte Rede	indirekte Rede
	Juan dice / ha dicho / dirá / diría que …
«Llama.»	llama.
«Llamaba.»	llamaba.
«Ha llamado.»	ha llamado.
«Llamó.»	llamó.
«Había llamado.»	había llamado.
«Llamará.»	llamará.
«Llamaría.»	llamaría.
«Habrá llamado.»	habrá llamado.
«Habría llamado.»	habría llamado.

Steht der Einleitungssatz in einer Zeit der Gegenwart (dazu gehört auch das **pretérito perfecto**), der Zukunft oder im **condicional** wird die Zeit in der indrekten Rede beibehalten.

17.2 Die indirekte Rede in der Vergangenheit · El estilo indirecto en el pasado

Steht der Einleitungssatz in einer Zeit der Vergangenheit, ändern sich die Zeiten in der indirekten Rede wie folgt:

direkte Rede	indirekte Rede
	Juan dice / ha dicho / dirá / diría que …
«Llama.»	**llamaba.**
«Llamaba.»	llamaba.
«Ha llamado.»	**había llamado.**
«Llamó.»	**había llamado.**
«Había llamado.»	había llamado.
«Llamará.»	**llamaría.**
«Llamaría.»	llamaría.
«Habrá llamado.»	**habría llamado.**
«Habría llamado.»	habría llamado.

presente	→ pretérito imperfecto
pretérito perfecto	→ pluscuamperfecto
pretérito indefinido	→ pluscuamperfecto
futuro simple	→ condicional simple
futuro compuesto	→ condicional compuesto

Puri: «Llegué a casa a las ocho.»
Puri dijo que llegó a casa a las ocho.

! In der gesprochenen Sprache bleibt das **pretérito indefinido** in der indirekten Rede der Vergangenheit häufig unverändert.

Setze in die Vergangenheit: Dice que viene. – Pregunta cuándo la vamos a llamar. – Piensan que llegamos ayer. – Cree que Juan ya habrá llegado.

1 8 Die indirekte Aufforderung · El imperativo indirecto

«Llámalo.»	Te digo Te he dicho Te diré Te diría	que lo **llames**.
	Te dije Te decía Te había dicho	que lo **llamaras**.

Der Imperativ der direkten Rede wird in der indirekten Aufforderung zum **presente de subjuntivo**.

Steht das einleitende Verb im Hauptsatz in einer Zeit der Vergangenheit, steht die Aufforderung im **pretérito imperfecto de subjuntivo**.

Übersetze: Sie sagt, wir sollen ihr schreiben. – Sagtet ihr ihm, dass er mit uns essen sollte? – Er sagte nicht, dass wir kommen würden.

ENCUENTROS 2

EL ORO ROJO

1 9 Die Stellung des Adjektivs (3) · La posición del adjetivo (3)

Wie du weißt, stehen die meisten Adjektive im Spanischen, anders als im Deutschen, nach dem Substantiv. Mengenadjektive dagegen stehen immer vor dem Substantiv. Einige wenige andere Adjektive stehen meistens vor dem Substantiv.

Einige Adjektive ändern allerdings ihre Bedeutung, je nachdem, ob sie vor oder nach dem Substantiv stehen:

Es su **único** amigo.
Das ist sein einziger Freund.

„einzig"

Es una oportunidad **única**.
Das ist eine einzigartige Gelegenheit.

„einzigartig"

¡**Pobre** tío!
Bedauernswerter Kerl!

„arm" im Sinne von „bedauernswert"

Es un país **pobre**.
Das ist ein armes Land.

„arm" im konkreten Sinn

Es un **gran** escritor.
Das ist ein großartiger Schriftsteller.

„groß(artig)"

Es un país muy **grande**.
Das ist ein sehr großes Land.

„groß" im konkreten Sinn

El **nuevo** cd de Jarabe me gusta.
Die neue CD von Jarabe gefällt mir.

„neu" im Sinne von „letzte/r"

Es un móvil **nuevo**.
Das ist ein (fabrik-) neues Handy.

„neu" im Sinne von „fabrikneu", „neu-wertig"

Ana es una **vieja** amiga.
Ana ist eine alte Freundin.

„alt" im Sinne von „langjährig"

Es un hombre **viejo**.
Er ist ein alter Mann.

„alt" im konkreten Sinn: an Jahren

Es mi **antiguo** profesor de inglés.
Das ist mein ehemaliger Englischlehrer.

„ehemalig";

Las casas **antiguas** son muy bonitas.
Die alten Häuser sind sehr schön.

„alt" im Sinne von „altertümlich"

Spanisch / Französisch
Mon **ancien** professeur
Des maisons **anciennes**

Übersetze:
Das ist ein bedauernswerter Mann. – Nicaragua ist ein armes Land. – Das ist ein großartiger Maler. – Barcelona ist eine große Stadt. – Gestern habe ich meine ehemalige Mathematik-lehrerin gesehen.

veintiuno **21**

ENCUENTROS 2

2 0 Der neutrale Artikel *lo* · El artículo neutro *lo*

Ganz am Anfang des Spanischunterrichts hast du gelernt, dass es im Spanischen nur männliche und weibliche Substantive und daher auch nur maskuline und feminine Artikel gibt. Hier erfährst du, warum es den neutralen Artikel **lo** gibt.

Lo buen**o** / mal**o** es que siempre hace sol.
Das Gute / Schlechte ist, dass immer die Sonne scheint.
Significa **lo** mism**o**.
Das bedeutet dasselbe.

Der neutrale bestimmte Artikel **lo** wird zur Substantivierung von Adjektiven und Adverbien benutzt. Das Ausgangswort ist immer die männliche Form im Singular!

2 1 Der subjuntivo (4) · El subjuntivo (4)

21.1 *mientras, aunque, cuando*

Auf Seite 12, Nr. 8.3 hast du schon gelernt, dass nach der Konjunktion **para que** immer der **subjuntivo** steht. In diesem Kapitel lernst du nun drei Konjunktionen kennen, nach denen der Indikativ oder der **subjuntivo** stehen kann.

Mientras hago mis deberes, escucho música.
Während ich Hausaufgaben mache, höre ich Musik.

Bedeutet **mientras** „während" und drückt eine Gleichzeitigkeit von mehreren Handlungen aus, so steht danach der Indikativ.

Mientras estés en Ecuador, te escribiremos e-mails.
Solange du in Ecuador bist, schreiben wir dir E-mails.

Wenn es dagegen die Bedeutung von „solange" hat und sich dabei auf die Zukunft bezieht, so steht danach der **subjuntivo**.

Aunque hace sol, quiere ir al cine.
Obwohl die Sonne scheint, möchte sie ins Kino gehen.

Bedeutet **aunque** „obwohl" und bezieht sich auf eine Tatsache, so steht danach der Indikativ.

Aunque mañana llueva, quiere ir de excursión.
Selbst wenn es morgen regnet, möchte er den Ausflug machen.

Hat es dagegen die Bedeutung von „selbst wenn" und drückt damit eine Unsicherheit aus oder bezieht sich auf die Zukunft, so steht danach der **subjuntivo**.

Cuando llego a casa, la comida está hecha.
(Immer) Wenn ich nach Hause komme, ist das Essen fertig.
Cuando salí del cine, llovía.
Als ich aus dem Kino kam, regnete es.

Nach **cuando** in der Bedeutung von „(immer) wenn" oder „als" (in der Vergangenheit) steht der Indikativ.

Llámame **cuando pases** por Madrid.
Ruf mich an, wenn du mal nach Madrid kommst.

Bezieht **cuando** sich dagegen auf die Zukunft und hat die Bedeutung von „sobald" oder „dann, wenn", so steht danach der **subjuntivo**.

Si tienes tiempo, podemos ir al cine.
***Wenn** du Zeit hast, können wir ins Kino gehen.*

❗ Nach **si** in der Bedeutung von „wenn / falls" als Konjunktion des Bedingungssatzes steht nie der **presente de subjuntivo**.
(▶ S. 13, Nr. 9)

22 veintidós

ENCUENTROS 2

2 2 Das Futur II · El futuro compuesto

22.1 Bildung · Morfología

infinitivo		participio
	habr**é**	
	habr**ás**	
llam**ar**	habr**á**	llam**ado**
com**er**	habr**emos**	com**ido**
viv**ir**	habr**éis**	viv**ido**
	habr**án**	

Das Futur II wird gebildet aus dem Futur des Verbs **haber** und dem Partizip des Vollverbs.

! Denke daran, dass einige Verben unregelmäßige Partizipien haben (▷ S. 7, Nr. 4).

22.2 Gebrauch · Uso

Mañana ya lo **habrán olvidado**.
Morgen werden sie es schon vergessen haben.

Ya lo **habrá hecho**.
Er wird es schon gemacht haben.

Wie im Deutschen wird das Futur II verwendet

für in der Zukunft liegende Handlungen oder Zustände, die dann schon passiert sind.

zum Ausdruck der Vermutung von etwas eventuell schon Eingetretenem.

veintitrés **23**

ENCUENTROS 3

EL IMPERIO INCA

2 3 Das unpersönliche „man" · La oración impersonal

Im Spanischen gibt es keine genaue Entsprechung für das deutsche „man". Hier lernst du zwei entsprechende spanische Konstruktionen kennen.

Dicen que el español es fácil.
Man sagt, dass Spanisch leicht ist.

> Das Verb kann in der 3. Person Plural verwendet werden.

Aquí **se** habl**a** español.
Hier spricht man Spanisch.

Se construyero**n** muchos caminos.
Man baute viele Wege.

> Eine weitere Möglichkeit besteht darin, das Verb in der 3. Person Singular oder Plural reflexiv zu gebrauchen, also mit **se**. Hierbei bezieht sich das Verb auf **español** und **caminos** und steht dementsprechend im Singular oder im Plural.

Aquí **uno** se pierde fácilmente.
Hier verläuft man sich leicht.

> Bei reflexiven Verben wird das «man» durch **uno** wieder gegeben.

Se vende esta casa.
Dieses Haus wird verkauft.

> **!** Im Deutschen werden unpersönliche Konstruktionen häufig mit dem Passiv wiedergegeben.

2 4 Der Konditional · El condicional

24.1 Regelmäßige Bildung · Morfología regular

hablar	comer	vivir
hablar**ía**	comer**ía**	vivir**ía**
hablar**ías**	comer**ías**	vivir**ías**
hablar**ía**	comer**ía**	vivir**ía**
hablar**íamos**	comer**íamos**	vivir**íamos**
hablar**íais**	comer**íais**	vivir**íais**
hablar**ían**	comer**ían**	vivir**ían**

> Der Stamm des Konditionals ist, wie der des Futurs, der Infinitiv. An ihn werden die Endungen des Konditionals angehängt: Infinitiv + -ía, -ías, -ía, -íamos, -íais, -ían. Die Endungen sind für alle Verben gleich.

> **!** Die Endungen des Konditionals entsprechen den Endungen des Imperfekts der Verben auf **-er** bzw. **-ir**.

24.2 Die unregelmäßigen Verben · Los verbos irregulares

Futur und Konditional haben immer denselben Stamm. Dies gilt auch für die unregelmäßigen Verben. Dazu gehören:

decir	**dir**ía …	saber	**sabr**ía …
haber	**habr**ía …	salir	**saldr**ía …
hacer	**har**ía …	tener	**tendr**ía …
poder	**podr**ía …	valer	**valdr**ía …
poner	**pondr**ía …	venir	**vendr**ía …
querer	**querr**ía …		

> Der Konditional von **hay** ist **habría**. Wie **poner** haben auch die Komposita (= zusammengesetzte Verben) **proponer** und **suponer** einen unregelmäßigen Konditionalstamm: **propondría** … / **supondría** …

> **⇄** Spanisch / Französisch
> Futur: je dirai …, je ferai …, je pourrai …
> Konditional: je dirais …, je ferais …, je pourrais …

ENCUENTROS 3

1 A

24.3 Gebrauch · Uso

¿Qué **haría** sin ti?
Was würde ich ohne dich machen?

¿**Podría** explicarme el problema?
Könnten Sie mir das Problem erklären?
Me **gustaría** ir a Costa Rica.
Ich würde gerne nach Costa Rica fahren.
Querría ir contigo al cine.
Ich würde gerne mit dir ins Kino gehen.

> Das Konditional wird gebraucht,
>
> um eine Möglichkeit auszudrücken
>
> um eine Bitte oder einen Wunsch höflich auszudrücken.

Ergänze mit dem Verb im Konditional:
¿(Poder / usted) explicarme el condicional? – ¿(Poder / tú) poner el libro sobre la mesa? –
Nos (gustar) mucho ir a Ecuador. – ¿Qué (decir / ustedes)? – Les (gustar) tomar una coca cola. –
(Querer / nosotros) hablar contigo.

CACIQUE COLÓN

1 B

2 5 **Präpositionen mit Infinitiv · Preposiciones con infinitivo**

Neben den in Kapitel 15 erwähnten Konstruktionen mit **gerundio** können adverbiale Nebensätze im Spanischen auch mit der Konstruktion Präposition + Infinitiv ersetzt werden, wenn das Subjekt in Haupt- und Nebensatz identisch ist. In diesem Kapitel lernst du einige der zahlreichen Möglichkeiten kennen.

Al llegar vieron los primeros indios.
Als sie ankamen, sahen sie die ersten Indios.
Hasta llegar a América pasaron muchas semanas.
Bis sie in Amerika ankamen, vergingen viele Wochen.
Antes de volver a España quieren encontrar oro.
Bevor sie nach Spanien zurückkehren, wollen sie Gold finden.
Después de llegar a España fue a ver al Rey.
Nachdem er in Spanien angekommen war, suchte er den König auf.
Por no **hablar** español no los entendía.
Da er kein Spanisch sprach, verstand er sie nicht.

> Dies gilt zum Beispiel für Temporalsätze:
> al + Infinitiv = **Cuando llegaron** …
>
> hasta + Infinitiv = **Hasta que llegaron** …
>
> antes de + Infinitiv = **Antes de que vuelvan** …
>
> después de + Infinitiv = **Después de que llegó** …
>
> Auch Kausalsätze lassen sich verkürzen:
> por + Infinitiv = **Como no hablaba** …

Ersetze den Temporal- / Kausalsatz durch Präposition + Infinitiv:
Cerró la puerta cuando salió. – Antes de que empieces con los deberes, llama a Carlos. –
Después de que aprobó, se sintió mejor. – Como llegó tarde, no pudo ver la película.

veinticinco **25**

1
C

ENCUENTROS 3

MI PRIMER AÑO EN ESPAÑA

2 6 **Gebrauch der Vergangenheitszeiten · El uso de los tiempos del pasado**

In Encuentros 1, Ausgabe B sowie im Kapitel 3, Seite 5/6 hast du schon vieles über die Anwendung der verschiedenen Vergangenheitszeiten gelernt. Doch nicht immer stehen konkrete Zeitangaben (**ayer** – **siempre** – **esta mañana**), an denen man sich orientieren kann.
Das Spanische unterscheidet genauer als das Deutsche. So kann der spanische Sprecher mit der verwendeten Zeit zum Ausdruck bringen, welche Bedeutung er selbst dem Ereignis beimisst:

He tenido un hijo.
Ich habe ein Kind bekommen.

Tuve un hijo.
vergangen.

He venido a Madrid.
Ich bin nach Madrid gekommen.
Vine a Madrid.

Llegué en abril. <u>El primer año</u> **pasó** rápido.
Ich kam im April. Das erste Jahr ist schnell vergangen.

<u>El primer año</u> **me acordaba** mucho de mi país, hasta que **conocí** a María.
Im ersten Jahr habe ich viel an mein Land gedacht, bis ich María kennen lernte.

Pretérito perfecto: die Sprecherin will ausdrücken, dass sie jetzt ein Kind hat (= Auswirkung auf die Gegenwart).
Pretérito indefinido: Zu einem bestimmten Zeitpunkt hat sie ein Kind bekommen (danach passierte etwas anderes).
Pretérito perfecto: Er ist nach Madrid gekommen (und ist vielleicht noch dort).
Pretérito indefinido: Das Ereignis ist schon lange her.
Pretérito indefinido: Hier steht die Abfolge von Ereignissen im Vordergrund.

Pretérito imperfecto: im Vordergrund steht hier die Beschreibung, der „Zustand", in dem sich das Mädchen befindet, bis etwas Neues (= **pretérito indefinido**) eintritt.

26 veintiséis

ENCUENTROS 3

SUEÑOS Y PESADILLAS

2 7 Das Passiv · La voz pasiva

27.1 Bildung · Morfología

<u>Los españoles</u> aprobaron la Constitución.
Die Spanier verabschiedeten die Verfassung.
La Constitución **fue aprobada por** <u>los españoles</u>.
Die Verfassung wurde von den Spaniern verabschiedet.

Das Passiv wird aus einer konjugierten Form des Verbs **ser** und dem Partizip gebildet.
Das Partizip wird in Genus und Numerus dem Subjekt angeglichen.
Der Urheber wird durch die Präposition **por** eingebunden.

Zu beachten ist dabei:
Ser entspricht im Passiv dem deutschen „werden" und kann in allen Zeiten und Modi benutzt werden, zum Beispiel im:

El libro **fue escrito**.
Das Buch wurde geschrieben.

Pretérito indefinido

La hija **ha sido educada**.
Die Tochter ist erzogen worden.

Pretérito perfecto

Los diputados **son elegidos**.
Die Abgeordneten werden gewählt.

Präsens

Las reformas **serán realizadas**.
Die Reformen werden umgesetzt werden.

Futur usw.

27.2 Gebrauch · Uso

Das Passiv wird im Spanischen wesentlich seltener gebraucht als im Deutschen oder Englischen. Es kommt vor allem in der Zeitungssprache, in Radio- und Fernsehnachrichten sowie in bestimmten Sachtexten vor.

La novela **fue escrita** por Miguel Delibes.
Der Roman wurde von Miguel Delibes geschrieben.

Wird im deutschen Passivsatz der Urheber genannt, so kann man im Spanischen entweder das Passiv oder eine aktive Konstruktion benutzen.

Esta novela **la** escribió Miguel Delibes.
Diesen Roman schrieb Miguel Delibes.

Im Aktivsatz sollte dann das direkte Objekt am Satzanfang stehen (Vorsicht: Es muss dann durch das entsprechende Objektpronomen vor dem Verb wieder aufgenommen werden!)

Los móviles no **son permitidos**.
Handys sind nicht erlaubt.

Wird dagegen der Urheber nicht genannt – was viel häufiger der Fall ist –, so gibt es neben dem Passiv zwei weitere Möglichkeiten:

No **se permiten** móviles.
Man erlaubt keine Handys.

eine Reflexivkonstruktion, die
pasiva refleja (▷ S. 24, Nr. 23)

ENCUENTROS 3

2 A

La Constitución **fue aprobada** en 1978.
Die Verfassung wurde 1978 gebilligt.
Aprobaron la Constitución en 1978.
1978 billigten sie die Verfassung.

eine Aktivkonstruktion mit dem Verb in der
3. Person Plural (▷ S. 24, Nr. 23).

La puerta **está** abierta.
Die Tür ist offen (= geöffnet).
La puerta **ha sido** abierta.
Die Tür wurde geöffnet.

Du kennst schon die Konstruktion **estar** +
Partizip. Dabei geht es um den „Zustand"
der Tür.
Im Passivsatz mit **ser** dagegen ist die
„Handlung" des Öffnens wichtig.

Setze die Sätze ins Passiv:
Esta canción la canta Manu Chao. – Construyeron esas casas en el siglo XVIII –
Hasta ahora no han realizado las reformas. – Los terratenientes combatieron la república.

---

2 8 Der subjuntivo (5) · El subjuntivo (5)

28.1 Subjuntivo Imperfekt · Imperfecto de subjuntivo

hablar	comer	vivir
habla**ra**	comie**ra**	vivie**ra**
habla**ras**	comie**ras**	vivie**ras**
habla**ra**	comie**ra**	vivie**ra**
hablá**ramos**	comié**ramos**	vivié**ramos**
habla**rais**	comie**rais**	vivie**rais**
habla**ran**	comie**ran**	vivie**ran**

Die Stammform des **pretérito imperfecto
de subjuntivo** wird aus der 3. Person
Plural des **pretérito indefinido** abgeleitet. Die Endungen sind regelmäßig und für
alle Konjugationsgruppen gleich.
Die 1. Person Plural trägt immer einen
Akzent.

hablar	comer	vivir
habla**se**	comie**se**	vivie**se**
habla**ses**	comie**ses**	vivie**ses**
habla**se**	comie**se**	vivie**se**
hablá**semos**	comié**semos**	vivié**semos**
habla**seis**	comie**seis**	vivie**seis**
habla**sen**	comie**sen**	vivie**sen**

Neben der Form mit **-ra** existiert im
Spanischen auch die Form mit **-se**. Beide
Formen sind in der Bedeutung völlig gleich.

Infinitiv	3. Pers. Plural indefinido	Stammform imperfecto de subjuntivo
sentir	**sintie**ron	**sintie**ra …
dormir	**durmie**ron	**durmie**ra …
leer	**leye**ron	**leye**ra …
dar	**die**ron	**die**ra …
estar	**estuvie**ron	**estuvie**ra …
tener	**tuvie**ron	**tuvie**ra …
poder	**pudie**ron	**pudie**ra …
poner	**pusie**ron	**pusie**ra …

Erinnere dich an die Besonderheiten im
pretérito indefinido bei einigen
Gruppenverben …

28 veintiocho

ENCUENTROS 3

Infinitiv	3. Pers. Plural	Stammform
	indefinido	imperfecto de subjuntivo
saber	**supie**ron	**supie**ra …
haber	**hubie**ron	**hubie**ra …
hacer	**hicie**ron	**hicie**ra …
decir	**dije**ron	**dije**ra …
traer	**traje**ron	**traje**ra …
ir / ser	**fue**ron	**fue**ra …
querer	**quisie**ron	**quisie**ra …
venir	**vinie**ron	**vinie**ra …

wie auch bei den unregelmäßigen Verben.

28.2 Gebrauch · Uso

No **querían** que Juan los **llamara**.
Sie wollten nicht, dass Juan sie anriefe.
Era necesario que **volviera** pronto.
Es war nötig, dass sie bald zurückkam.
No le **gustaba** que ya nos **fuéramos**.
Es passte ihr nicht, dass wir schon gingen.
Lo dijo **para que** lo **comprendiéramos** mejor.
Er sagte es, damit wir ihn besser verstünden.

Das **pretérito imperfecto de subjuntivo** wird gebraucht, wenn ein Auslöser des **subjuntivo** im **pretérito indefinido**, **imperfecto** oder **pluscuamperfecto** steht.

! Die Auslöser findest du S. 12ff., Nr. 8.3; S. 14f., Nr. 10; S. 16, Nr. 12

Vive **como si fuera** rico.
Er lebt so, als ob er reich wäre.

Das **pretérito imperfecto de subjuntivo** wird ebenfalls nach der Konjunktion **como si** („als ob") gebraucht.

Setze in eine Zeit der Vergangenheit:
Es necesario que el rey se vaya al exilio. – Me parece bien que aprueben la Constitución. – No quieren que nos lo diga.

28.3 Der subjuntivo im Relativsatz · El subjuntivo en la oración relativa

Ha comprado un móvil **que tiene** cámara.
Er hat ein Handy gekauft, das eine Kamera hat.

! In den weitaus meisten Relativsätzen wird der Indikativ gebraucht!

Busca un móvil **que tenga** cámara.
Er sucht ein Handy, das eine Kamera hat (= haben soll).
Necesitó a alguien **que pudiera** traducírselo.
Sie brauchte jemanden, der es ihr übersetzen konnte.

Wird im Relativsatz ein Wunsch oder eine Bedingung zum Ausdruck gebracht, so steht das Verb im Relativsatz im **subjuntivo**.

No había quien lo **supiera**.
Es gab niemanden, der es gewusst hätte.
Aquí **no hay nadie que hable** español.
Hier gibt es niemanden, der Spanisch spricht.

Nach den Ausdrücken **no hay quien** und **no hay nadie que** steht das Verb im darauf folgenden Relativsatz im **subjuntivo**.

veintinueve **29**

ENCUENTROS 3

Ergänze das Verb im Indikativ oder *subjuntivo*:
Tengo un jefe que (hablar) inglés. – Necesito un compañero que (poder) ayudarme en
matemáticas. – Busco una mujer que me (ayudar) en casa.– La chica que me (ayudar) en casa
se llama Roberta.– En el curso de español había algunas chicas que (hablar) turco. –
En mi clase no hay nadie que (hablar) polaco.

GALICIA: DONDE LA LLUVIA ES UN ARTE

2 9 Das Relativpronomen (3) · El pronombre relativo (3)

In Encuentros 1, Ausgabe B hast du schon einiges über die Relativpronomen erfahren. Hier lernst
du nun die Relativpronomen **quien**, **cuyo** und **el cual** kennen.

29.1 *quien*

Los chicos **quienes** están allí, son Pablo y Juan.
Die Jungen, die dort stehen, sind Pablo und Juan.
La chica **a quien** llamé ayer se llama Cristina.
Das Mädchen, das ich gestern angerufen habe,
heißt Cristina.
Los chicos **con quienes** hablamos ayer son muy
simpáticos.
Die Jungen, mit denen wir gestern gesprochen
haben, sind sehr sympathisch.
La mujer **de quien** se habla mucho, es Ana.
Die Frau, über die viel gesprochen wird, ist Ana.

> Das Relativpronomen **quien** bezieht sich
> ausschließlich auf Personen.
> Es hat eine Singular- und eine Pluralform:
> **quien** / **quienes**.
> Es kann im Relativsatz Subjekt oder Objekt
> sein.
> Es wird meist in Verbindung mit einer
> Präposition gebraucht:
> **a**
> **con**   **quien**
> **de**   **quienes**
> **sobre**

Los hombres **quienes** llegaron ayer son ingleses.
Los hombres **que** llegaron ayer son ingleses.
Die Männer, die gestern angekommen sind,
sind Engländer.

> Steht das Relativpronomen, das sich auf
> eine Person bezieht, ohne Präposition,
> so wird statt **quien** meist **que** benutzt.

29.2 *cuyo*

	cuy**o** <u>amigo</u> …	
	dessen / deren Freund …	
El escritor	cuy**a** <u>amiga</u> …	
Der Schriftsteller	*dessen / deren Freundin …*	
La escritora	cuy**os** <u>padres</u> …	
Die Schriftstellerin	*dessen / deren Eltern …*	
	cuy**as** <u>obras</u> …	
	dessen / deren Werke …	

> Das Relativpronomen **cuyo** hat vier
> Endungen: **cuyo** / **cuya** / **cuyos** / **cuyas**.
> Es steht als Relativpronomen im „Genitiv"
> immer vor einem darauf folgenden
> Substantiv, auf das sich auch seine Endung
> bezieht: männlich / weiblich / Singular /
> Plural.

30 treinta

ENCUENTROS 3

29.3 *cual*

El chico, **al cual** conocí en Madrid …
Der Junge, den ich in Madrid kennenlernte, …
La ciudad, por **la cual** viajamos el verano pasado …
Die Stadt, durch die wir letzten Sommer gereist sind …
Los amigos, con **los cuales** vivió en Madrid …
Die Freunde, mit denen er in Madrid lebte, …
Las ciudades, de **las cuales** Luis hablaba mucho …
Die Städte, von denen Luis viel sprach, …

> Das Relativpronomen **el cual** wird sehr selten gebraucht. Es kann sich sowohl auf Personen wie auf Sachen beziehen. Es wird immer mit dem bestimmten Artikel benutzt und hat vier Formen: **el cual / la cual / los cuales / las cuales**. Auch dieses Relativpronomen wird meist nach einer Präposition angewendet.

Tenía que trabajar en verano **lo cual** no me gustó.
Ich musste im Sommer arbeiten, was mir nicht gefiel.

> Das Relativpronomen **lo cual** hat kein konkretes Bezugswort, sondern bezieht sich auf einen ganzen Satz oder Satzteile.

Übersetze:

Wie heißt das Mädchen, dessen Eltern du kennst? – Der Junge, mit dem du gestern im Kino warst, ist sehr sympathisch. – Die Probleme, über die ihr gestern gesprochen habt, scheinen mir sehr wichtig zu sein. – Die Frau, über die viel geredet wird, ist eine berühmte Schauspielerin. – Die Gruppe, deren Lieder mir sehr gefallen, heißt „Jarabe de Palo".

DE CARA A EUROPA

3 0   Der subjuntivo (6) · El subjuntivo (6)

30.1 In einigen feststehenden Ausdrücken · En algunas expresiones fijas

Sea como sea, no tengo ganas de ir.
Wie dem auch sei, ich habe keine Lust dahin zu gehen.
Sea cuando sea, iré a México.
Wann auch immer (es sein mag), ich werde nach Mexiko fahren.
¡Pase lo que pase!
Was auch (immer) passieren mag!
¿Vamos al cine? – **Como quieras**.
Gehen wir ins Kino? – Wie du willst.
Haz **lo que quieras**.
Tu, was du willst.

> Wird im Deutschen ein Nebensatz mit „was / wie / wann / wo (auch immer)" etc. eingeleitet, so wird im Spanischen der **subjuntivo** benutzt: **sea (lo que / como / cuando / donde) sea**, weil sie von ihrer Bedeutung her eine Ungewissheit enthalten. Dies gilt auch für Ausdrücke wie **pase lo que pase, como / lo que quieras**, etc.

30.2 Nach weiteren Konjunktionen · Después de otras conjunciones

Du weißt schon, dass der **subjuntivo** immer nach der Konjunktion **para que** (▷ S. 12, Nr. 8.3) und manchmal nach den Konjunktionen **mientras**, **aunque** und **cuando** (▷ S. 22, Nr. 21) benutzt wird. An dieser Stelle lernst du weitere Konjunktionen kennen, nach denen der **subjuntivo** folgen muss oder kann.

treinta y uno **31**

ENCUENTROS 3

Voy a ir a Madrid a **no ser que pueda** trabajar aquí.
Ich werde nach Madrid gehen, es sei denn,
ich kann hier arbeiten.
No puedes hacerlo **sin que se den** cuenta.
Du kannst es nicht machen, ohne dass sie es
merken.
Me dejan ir **a condición de que apruebe**.
Sie lassen mich fahren, unter der Bedingung,
dass ich bestehe.
Puedes hacerlo **siempre que** les **avises** antes.
Du kannst es machen, vorausgesetzt du sagst
ihnen vorher Bescheid.

! **Siempre que vienen** mis primos vamos
al polideportivo.
Immer wenn meine Cousins kommen, gehen
wir zum Sportplatz.

Como sea así (= Si es así), me quedaré en Sevilla.
Wenn / Falls das so ist, werde ich in Sevilla
bleiben.

Nach einschränkenden Konjunktionen
folgt immer der **subjuntivo**, zum Beispiel:

a no ser que

sin que

a condición (de) que

Nach **siempre que** als Konjunktion mit der
einschränkenden Bedeutung „vorausge-
setzt, dass" steht der **subjuntivo**.

! Hat **siempre que** eine zeitliche Bedeutung
(„immer wenn"), steht der Indikativ.

Nach **como** als Konjunktion mit der
konditionalen Bedeutung „wenn / falls"
steht der **subjuntivo**.

! Denke daran, dass nach **como** in anderen
Bedeutungen („da" / „wie") der Indikativ
steht.

ENCUENTROS 3

CIUDAD DE MÉXICO

3 1 Der Bedingungssatz (2) · La oración condicional (2)

In Módulo 2 A und 3 A hast du den Gebrauch der Zeiten im realen Bedingungssatz im Spanischen kennen gelernt (▶ S. 13, Nr. 9; S. 18, Nr. 14.3). In diesem Kapitel lernst du, welche Zeit und welcher Modus im irrealen Bedingungssatz der Gegenwart benutzt werden.

31.1 Der irreale Bedingungssatz der Gegenwart · La oración condicional irreal en presente

Si **pudiera, iría** a México.
Wenn ich könnte, führe ich nach Mexiko.

> Wenn eine Bedingung nicht oder kaum erfüllbar erscheint, so steht im Nebensatz (si …) das **pretérito imperfecto de subjuntivo**, im Hauptsatz der Konditional I.

En Madrid se **viviría** mejor si no **hubiera** tantos atascos.
In Madrid würde man besser leben, wenn es nicht so viele Staus gäbe.
Si **tuviera** más dinero, **comería** en un restaurante.
Wenn er mehr Geld hätte, äße er in einem Restaurant zu Mittag.

> Der Nebensatz kann hinter dem Hauptsatz stehen,
>
> er kann ihm aber auch vorausgehen.

Vervollständige
Si [¿] (tener / yo) tiempo, iría a Perú. – Si me quisiera, me [¿] (llamar). – Si le [¿] (gustar / tú), te [¿] (invitar / él). – Si no [¿] (haber / hay) tantos coches, el aire [¿] (estar) más limpio.

3 2 Der Gebrauch von *ser* und *estar* (3) · El uso de *ser* y *estar* (3)

In Encuentros 1, Ausgabe B hast du schon viel über den Gebrauch von ser und estar erfahren. In diesem Kapitel lernst du weitere Adjektive kennen, die je nach Kontext mit **ser** oder **estar** benutzt werden, wobei einige von ihnen im Deutschen eine andere Bedeutung haben.

Este coche **es** azul.
Dieses Auto ist blau.
Hoy el cielo **está** gris.
Heute ist der Himmel grau.

> Farbadjektive werden normalerweise mit **ser** benutzt. Da die Farbe des Himmels sich ändert, steht in diesem Fall **estar**.

Este barrio **es** seguro.
Dieses Viertel ist sicher.
Es seguro que viene.
Es ist sicher, dass er kommt.
Estoy seguro de que viene.
Ich bin sicher, dass er kommt.

> Für das Viertel ist es charakteristisch, dass es sicher ist: also wird **ser** benutzt.
> Es ist (objektiv) sicher, dass er kommt: auch in diesem Fall wird **ser** benutzt.
> Ich bin mir (subjektiv) sicher, dass er kommt (andere vielleicht nicht), also: **estar**.

treinta y tres **33**

Este país **es** libre.
Dieses Land ist frei.
Esta noche **está** libre.
Heute Abend hat sie frei.

Mercedes **es** muy rica.
Mercedes ist sehr reich.
Esta paella **está** muy rica.
Diese Paella ist sehr lecker.

Conchi **es** muy lista.
Conchi ist sehr klug / schlau.
Los chicos aún no **están** listos.
Die Jungen sind noch nicht fertig / bereit.

Die folgenden Adjektive haben im Deutschen unterschiedliche Bedeutungen, je nachdem, ob sie mit **ser** oder **estar** benutzt werden.

ser libre: „frei sein" (charakteristisch)

estar libre: „frei sein = Zeit haben" (vorübergehend)

ser rico/-a: „reich sein" (= andauernd)

estar rico/-a: „lecker sein" (irgendwann ist die Paella aufgegessen, also weg)

ser listo/-a: „klug sein" ist eine Eigenschaft

estar listo/-a: „bereit und fertig" ist man vorübergehend

3 3 Das Partizip in Temporalsätzen · El participio en oraciones temporales

Du kennst das Partizip als Bestandteil der zusammengesetzten Zeiten wie dem Perfekt, Plusquamperfekt, Futur II, in denen das Partizip unveränderlich ist. Du kennst es auch als Adjektiv (**estar ocupado/-a**) und schließlich als Bestandteil des Passivs (**ser construido/-a**). An dieser Stelle lernst du es als Element des temporalen Nebensatzes kennen.

Entrada la noche, …
Cuando entraba la noche fuimos al concierto.
Als es Nacht wurde, gingen wir ins Konzert.
(Una vez) llegados a Valencia, …
Después de haber llegado a Valencia …
Después de que habíamos llegado a Valencia fuimos al hotel.
Nachdem wir in Valencia angekommen waren, gingen wir ins Hotel.

Das Partizip kann allein stehend einen temporalen Nebensatz verkürzen:
Es kann die Konjunktion **cuando** ersetzen oder, vor allem mit vorangestelltem **una vez**, die Konjunktion **después (de) que**. Im letzten Fall kann auch die Infinitivkonstruktion benutzt werden.

❗ Wie im Passiv und als Adjektiv ist das Partizip in dieser Funktion veränderlich.

ENCUENTROS 3

NO SIEMPRE FUE ASÍ

3 4 Das pluscuamperfecto de subjuntivo · El pretérito pluscuamperfecto de subjuntivo

Infinitivo		Participio
lleg**ar** entend**er** sub**ir**	hubie**ra** hubie**ras** hubie**ra** hubié**ramos** hubie**rais** hubie**ran**	lleg**ado** entend**ido** sub**ido**

Das **pluscuamperfecto de subjuntivo** wird gebildet aus dem **imperfecto de subjuntivo** des Verbs **haber** und dem Partizip des Vollverbs.
Es wird vor allem in einigen Bedingungssätzen benutzt (▷ Nr. 36).

! Denke daran, dass einige Verben unregelmäßige Partizipien haben (▷ S. 7, Nr. 4).

3 5 Der Konditional II · El condicional compuesto

Infinitivo		Participio
llam**ar** com**er** viv**ir**	hab**ría** hab**rías** hab**ría** hab**ríamos** hab**ríais** hab**rían**	llam**ado** com**ido** viv**ido**

Der Konditional II wird gebildet aus dem Konditional I des Verbs **haber** und dem Partizip des Vollverbs.
Er wird vor allem im Hauptsatz von irrealen Bedingungssätzen benutzt (▷ Nr. 36).

3 6 Der Bedingungssatz (3) · La oración condicional (3)

In Módulo 3 A hast du den Gebrauch der Zeiten und des Modus im irrealen Bedingungssatz der Gegenwart kennen gelernt. In diesem Kapitel lernst du, welche Zeit und welches Modus im irrealen Bedingungssatz der Vergangenheit benutzt werden und welche Mischformen es gibt.

36.1 Der irreale Bedingungssatz der Vergangenheit · La oración condicional irreal en pasado

Si **hubiera tenido** dinero, **habría ido** a México.
Wenn ich Geld gehabt hätte, wäre ich nach Mexiko gefahren.

Wenn eine Bedingung in der Vergangenheit nicht erfüllt wurde, so steht im Nebensatz (**si** …) das **pluscuamperfecto de subjuntivo**, im Hauptsatz der Konditional II.

Neben dieser „Reinform" des irrealen Bedingungssatzes in der Vergangenheit gibt es noch die sogenannten Mischformen für verschiedene Zeitverhältnisse zwischen Haupt- und Nebensatz:

Si **tuviera** más tiempo, (ya) lo **habría hecho**.
Wenn ich mehr Zeit hätte, hätte ich es (schon) gemacht.

In diesem Beispiel möchte der Sprecher ausdrücken, dass er keine Zeit hatte und sie jetzt auch noch nicht hat; andernfalls hätte er schon etwas getan (Vergangenheit), hat es aber nicht. Hier steht im Nebensatz das **imperfecto de subjuntivo**, im Hauptsatz der Konditional II.

treinta y cinco 35

ENCUENTROS 3

Si Pepe **hubiera estudiado** más, no **tendría** tantos problemas en el examen de hoy.
Wenn Pepe mehr gelernt hätte, hätte er in der heutigen Prüfung nicht so viele Probleme.

Hier wird ausgedrückt, dass Pepe in der Vergangenheit hätte mehr lernen müssen, damit er in der Gegenwart weniger Probleme hätte.

Übersetze:
Wenn sie nach Deutschland gekommen wäre, hätte ich sie dir vorgestellt. – Wenn wir das gewusst hätten, wären wir jetzt nicht hier auf der Party. – Wenn sie Zeit hätten, wären sie früher gekommen. – Wenn ihr netter wärt, würdet ihr uns helfen.

36.2 Die Bedingungssätze: Übersicht · Esquema de las oraciones condicionales

Abschließend soll dir eine schematische Übersicht helfen:

Realer Bedingungssatz	Hauptsatz
Si **tiene** tiempo *Wenn sie Zeit hat,*	lo **hace**. *tut sie es.*
	va a hacerlo *wird sie es tun.*
	lo **hará**. *wird sie es tun.*
Si tienes tiempo *Wenn du Zeit hast,*	**haz**lo. *tu es!*

Der Bedingungssatz steht im Präsens, der Hauptsatz steht im:

Präsens: Es ist sicher, dass sie es tut.

Futuro inmediato: Es ist fast sicher, dass sie es tun wird.

Futur: Es ist ziemlich sicher, dass sie es tun wird.

Imperativ: Dies ist ein Befehl.

Irrealer Bedingungssatz	Hauptsatz
Si **tuviera** tiempo *Wenn ich Zeit hätte,*	lo **haría**. *täte ich es.*
	ya lo **habría hecho**. *hätte ich es schon getan.*
Si **hubiera estudiado** *Wenn ich gelernt hätte,*	
	habría aprobado. *hätte ich bestanden.*
	hoy **tendría** menos problemas. *hätte ich heute weniger Probleme.*

Der Bedingungssatz steht im **Imperfecto de subjuntivo**, der Hauptsatz steht im:

Konditional: Es wäre möglich, aber es gibt keine Auswirkung auf die Gegenwart.

Konditional II: Auswirkung auf die Vergangenheit.

Der Bedingungssatz steht im **pluscuamperfecto de subjuntivo**, der Hauptsatz steht im:

Konditional II: Es war nicht möglich (= Auswirkung auf die Vergangenheit).

Konditional: Auswirkung auf die Gegenwart

36 treinta y seis

AUSSPRACHE

AUSSPRACHE, ORTHOGRAPHIE UND BETONUNG

1. Aussprache

Die Aussprache im Spanischen ist sehr regelmäßig. Anders als im Deutschen werden vor allem einige Konsonanten ausgesprochen:

hacer, **h**ola	Das **h** wird nicht ausgesprochen.
Bolivia, **V**enezuela	Bei der Aussprache von **b** und **v** ist kaum ein Unterschied zu hören.
cero, de**c**ir **c**asa, **c**on	vor **e** und **i** wie das englische *th* in *truth*, sonst wie **k** in *Kilo*
he**ch**o, di**ch**o	wie *tsch* in *klatschen*
gente a**g**ua, **g**ris	vor **e** und **i** wie *ch* in *machen*, sonst wie das deutsche **g**
juego, mu**j**er	immer wie *ch* in *machen*
llover, va**ll**e	wie **j** in *Jubel*
Espa**ñ**a	im Deutschen wie **gn** in *Champagner*
quien	wie **k** in *Kilo*
pe**r**o hie**rr**o	wird gerollt
so**y**, a**y**er	am Wortende wie **i**, im Wort wie **j** in *ja*
zona, vo**z**	wie das englische **th** in *the*
b**ai**lar – camb**ia**r – d**io**s – ag**ua**ntar – b**ie**nvenido – **eu**ropeo – b**ue**no	**!** Vokale in Verbindung mit einem **i** oder **u** bilden einen Diphthong (= Doppellaut). Sie bilden eine Silbe.
t**ea**tro – mus**eo**	Sind zwei aufeinander folgende Vokale **a**, **e** oder **o**, so bilden sie zwei Silben.

Vor allem in der Verbkonjugation ändert sich oft die Schreibung, um einen Laut zu erhalten, zum Beispiel:

Aussprache	Schreibung
[g] vor **e** und **i**:	lle**g**ar, lle**gu**é, lle**g**ó … se**gu**ir, si**g**o, si**gu**es …
[x] vor **o** und **u**:	co**g**er, co**j**o, …
[k] vor **e** und **i**:	mar**c**ar, mar**qu**é …
[θ] vor **e** und **i**:	empe**z**ar, empe**c**é …

treinta y siete **37**

BETONUNG

2. Betonung und Akzent

mo-<u>der</u>-no
<u>di</u>-cen
tra-ba-<u>ja</u>-mos

Wörter, die auf Vokal, -n oder -s enden, werden auf der vorletzten Silbe betont.

tra-ba-<u>jar</u>
es-pe-<u>cial</u>

Wörter, die auf Konsonant enden (außer -n oder -s!), werden auf der letzten Silbe betont.

Am**é**rica – c**é**ntrico – f**á**cil – cafeter**í**a – quiz**á**s – tambi**é**n

Ausnahmen von diesen beiden Regeln werden mit Akzent geschrieben:

secreta-ria
Sekretärin
secretar**í**-a
Sekretariat

❗ Der Akzent verdeutlicht: kein Diphthong.

el joven	los j**ó**venes
las naciones	la naci**ó**n
explica	expl**í**caselo
diciendo	dici**é**ndolo, dici**é**ndoselo

❗ Achte darauf, ob
– bei Singular / Plural
– oder bei angehängten Pronomen ein Akzent nötig ist.

mi	*mein*	a mí	*mir, mich*
tu	*dein*	tú	*du*
si	*wenn, ob*	sí	*ja, doch*
		a sí	*sich*
se	*sich*	sé	*ich weiß*
de	*von*	dé	*geben Sie*
este		éste	
ese	*Begleiter*	ése	*Pronomen*
aquel		aquél	
el	*Artikel*	él	*Pronomen*

Bei einigen Wörtern ist der Akzent wichtig für die Bedeutung des Wortes.

¡Qu**é** suerte! – ¡C**ó**mo habla!
¿Qu**é** haces? – ¿D**ó**nde estás? –
¿C**ó**mo lo haces? – No sé c**ó**mo lo hace.

Außerdem haben einen Akzent:
– Ausrufewörter
– Fragewörter, auch in der indirekten Frage

FACHBEGRIFFE

el	**adjetivo**	Eigenschaftswort, Adjektiv	grande, bueno, caro, interesante
el	**adverbio**	Adverb	siempre, sólo, fácilmente
el	**artículo** determinado	bestimmter Artikel	**el** móvil, **las** chicas
el	**artículo** indeterminado	unbestimmter Artikel	**un** chico, **una** amiga, (**unas** plazas)
el	**comparativo**	Steigerung; Komparativ	**más** caro, **mejores**
el	**complemento directo**	direktes Objekt, Akkusativobjekt	Veo **la casa**.
el	**complemento indirecto**	indirektes Objekt, Dativobjekt	**Le** escribo **a Juan**.
el	**condicional**	Konditional; Möglichkeitsform	llamar**ía**, comer**ía**
la	**conjunción**	Konjunktion, Bindewort	y, o, pero, porque
el	**consonante**	Mitlaut, Konsonant	b, c, l, r
el	**determinante demostrativo**	hinweisender Begleiter, Demonstrativbegleiter	**este** chico, **esa** chica
el	**determinante indefinido**	unbestimmter Begleiter, Indefinitbegleiter	mucho, poca, otros, todo, alguno
el	**determinante posesivo**	besitzanzeigender Begleiter; Possessivbegleiter	mi, tu, su, nuestro/-a
el	**estilo indirecto**	indirekte Rede	Dice que va a venir.
la	**forma durativa**	Verlaufsform	**estoy leyendo**
el	**futuro**	Futur, Zukunft	estudiar**é**, subir**é**
el	**futuro inmediato**	unmittelbares Futur	**voy a** estudiar
el	**género**	Geschlecht	chic**a** (**feminin**); móvil (**maskulin**)
el	**gerundio**	*gerundio*	trabaj**ando**, escrib**iendo**
el	**imperativo**	Befehlsform; Imperativ	trabaj**a**, trabaj**ad**; **haz**
el	**indicativo**	Indikativ	**escribe** una carta
el	**infinitivo**	Grundform (des Verbs), Infinitiv	llegar, vivir
la	**negación**	Verneinung	**no** trabaja; **no** llama **nunca**
los	**números ordinales**	Ordnungszahlen	primero, segundo, tercera
la	**oración condicional**	Konditionalsatz, Bedingungssatz	**Si** quieres, podemos vernos mañana.
la	**oración relativa**	Relativsatz	La chica **que vive en Valencia** se llama Ana.
la	**oración subordinada**	untergeordneter Nebensatz	Creo **que viene. Aunque llueve,** salgo.
el	**participio**	Partizip	he **trabajado**, ha **comido**
el	**plural**	Mehrzahl, Plural	amig**os**, cas**as**
la	**preposición**	Verhältniswort, Präposition	a, de, por, para, delante de
el	**pretérito imperfecto**	Imperfekt	cen**aba**, com**ía**, **era**
el	**pretérito indefinido**	*indefinido* (= Vergangenheitszeit ohne deutsche Entsprechung)	com**í**, dij**iste**, **hizo**
el	**pretérito perfecto**	Perfekt	**he** comprado, **han** estado
el	**pretérito pluscuamperfecto**	Plusquamperfekt	**había** llegado, **habíais** entendido
el	**pronombre de complemento (in)directo**	(in)direktes Objektpronomen	me, te, la, le, lo, nos, os
el	**pronombre demostrativo**	hinweisendes Pronomen, Demonstrativpronomen	éste, ésa, aquéllos
el	**pronombre indefinido**	unbestimmtes Pronomen, Indefinitpronomen	alguien, nadie, algo, nada
el	**pronombre interrogativo**	Fragepronomen	cuál, cuáles
el	**pronombre personal**	Personalpronomen	yo, tú, él
el	**pronombre posesivo**	besitzanzeigendes Fürwort, Possessivpronomen	(el) mío, (la) suya

treinta y nueve **39**

FACHBEGRIFFE/INDEX

el **pronombre reflexivo**	rückbezügliches Pronomen, Reflexivpronomen	me, te, **se**, nos, os, **se**
el **pronombre relativo**	Relativpronomen	que, quien, lo que, cual, cuales
el **singular**	Einzahl, Singular	hermana; profesor
el **subjuntivo**	*subjuntivo*	quiere que **llame** / le **escriba**
el **superlativo**	höchste Steigerungsform, Superlativ	**el/la más** grande, el/la **mejor**
el **superlativo absoluto**	absoluter Superlativ; Elativ	car**ísimo**, riqu**ísimas**
el **sustantivo**	Substantiv (auch: Nomen)	chico, plaza
el **verbo**	Zeitwort, Verb	dormir, soñar, salir
el **verbo auxiliar**	Hilfsverb	ser, estar, haber
el **verbo modal**	Modalverb	**poder** hablar, **tener que** estudiar
el **verbo reflexivo**	rückbezügliches, reflexives Verb	levantar**se**, quedar**se**
la **vocal**	Selbstlaut, Vokal	a, e, i , o, u
la **voz pasiva**	Passiv	El libro **fue escrito por** Juan Marsé.

A

Die Angaben beziehen sich auf die Seitenzahlen.

Adjektiv
   Stellung 21
Artikel
   neutraler 22

B

Bedingungssatz 13, 33, 35
Befehlsform → Imperativ

C

cual als Relativpronomen 31
cuyo als Relativpronomen 30

E

estar
   Gebrauch von *ser* und *estar* 33f.

F

Futur
   Futur I 17f.
   Futur II 23

G

gerundio
   weitere Anwendungen 18

I

Imperativ 15f.
Imperfekt → *pretérito imperfecto*
indefinido → *pretérito indefinido*
Indikativ Präsens → Präsens Indikativ
indirekte Rede 8f., 19f.

K

Konditional
   Konditional I 24f.
   Konditional II 35
Konditionalsatz (Bedingungssatz)
   13, 33, 35f.

L

lo que 9

M

man
   (im unpersönlichen Ausdruck) 24
Modalverben
   → *poder*
   → *saber*

N

neutraler Artikel 22

O

Objektpronomen →
   Personalpronomen

P

parecer 15
Partizip in Temporalsätzen 33
Passiv 27f.
perfecto → *pretérito perfecto*
Personalpronomen
   Stellung beim Imperativ 16
   zwei Objektpronomen 7f.
Plusquamperfekt 7
Possessivpronomen 19
Präposition
   mit Infinitiv 25
pretérito imperfecto
   Konjugation 4
   Gebrauch von
   pretérito imperfecto und
   pretérito indefinido 5f., 26
pretérito indefinido
   imperfecto 26
   Gebrauch von
   pretérito indefinido und
   pretérito perfecto 27
pretérito pluscuamperfecto 7
Pronomen
   → Demonstrativpronomen
   → Personalpronomen
   → Possessivbegleiter
   → Reflexivpronomen
   → Relativpronomen
Prozentzahlen 17